KERIGMA
LA BUENA NOTICIA

José Juan Valdez, MA.

A nuestra
Comunidad de Evangelización
SAN PABLO
y los miembros de
PAULUS MEDIA

ÍNDICE

Introducción 7

Jesús, el modelo de todo evangelizador . . . 9

Presentación en Introducción al Curso . . . 11

Tema 1: El Amor de Dios 15

Tema 2: El Pecado y sus Consecuencias . . 19

Tema 3: Jesús, la Salvación de Dios . . . 23

Tema 4: La Fe 27

Tema 5: La Conversión 31

Tema 6: El Señorío de Jesús 35

Tema 7: El Don del Espíritu Santo . . . 39

Tema 8: Permanecer y Perseverar . . . 43

Tema 9: Testigos con Poder 47

Conclusión 51

Bibliografía 53

Anexos 55

INTRODUCCIÓN:
Urgencia y Necesidad de una RENOVADA Evangelización

Este Manual para el participante al igual que la **Serie de Videos KERIGMA – La Buena Noticia** que le acompañan es un esfuerzo para responder a la realidad urgente de extender el Reino de Dios en nuestros días y por los medios a nuestra disposición. Realidad que trae consigo una serie de retos y desafíos que nos presentan las diferentes corrientes ideológicas reinantes como secularismo, relativismo, hedonismo, la ideología de género, etc., que tratan de sabotear el mundo y la realidad antropológico-religiosa como la habíamos concebido por muchos siglos.

Les presentamos este trabajo, fruto del trabajo de muchas personas que han aportado en esta labor desde sus carismas concretos; pretende llevarle a tener un encuentro personal con Jesús a través de los temas, los testimonios, las actividades, las oraciones, pero sobre todo la presencia siempre nueva y actuante del Espíritu Santo de Dios que sigue guiando a la humanidad al conocimiento del hijo de Dios y la plenitud de la verdad.

La Exhortación Apostólica Postsinodal **Ecclesia in América** de San Juan Pablo II señala que: *La conmemoración del medio milenio de evangelización tendrá su significación plena si es un compromiso vuestro como Obispos, junto con vuestro presbiterio y fieles; compromiso, no de evangelización, pero sí de una evangelización nueva.* **'NUEVA EN SU ARDOR, EN SUS MÉTODOS Y EN SU EXPRESIÓN.**[1]

• **Ardor** tiene que ver con la disposición interna. Es como el motor o el principio que mueve a compartir con convicción la buena nueva de Jesús. Ardor tiene que ver con la pasión y el compromiso con que tomamos esta tarea, no podemos evangelizar sin convencimiento. El P. Raniero Cantalamessa, predicador de la casa pontificia en su tercera reflexión de cuaresma en el 2016 expresó que: ***Debemos amar a Jesús, porque solo los que están enamorados de Jesús lo puede anunciar al mundo con profunda convicción. Se habla con entusiasmo** –precisó– **sólo de lo que se está enamorado.***

---

[1] 'Ecclesia in América' No. 6

• **Métodos**, se refiere a los medios como hacemos hacer llegar el mensaje, respecto a estos se asume que los tradicionales discursos largos deben cambiarse por otros medios que utilicen los recursos a nuestro alcance, de manera que podamos llegar a las personas de esta época digital. Debemos aprovechar adecuadamente los medios a nuestro alcance, la computadora, las tabletas, los teléfonos móviles, etc. Al respecto el Obispo Auxiliar de la Arquidiócesis de los Ángeles, Robert Barrón en una entrevista que le hicieron respecto a las redes sociales dijo: Traten cosas nuevas, sean creativos, inventen; si no funciona, pues traten alguna otra cosa. Tengan libertad y flexibilidad al evangelizar. En otra ocasión afirmó que estas, las redes sociales son el nuevo 'areópago' de nuestros tiempos.

• **Expresión** tiene que ver con las formas, el mensaje es siempre el mismo, pero debemos conocer y distinguir bien a nuestra audiencia para hacer más efectiva la misión a la que hemos sido llamados por Jesús en nuestros días, respondiendo a las necesidades particulares del pueblo de Dios del siglo XXI.

JESÚS, EL MODELO DE TODO EVANGELIZADOR

Jesucristo es la 'Buena Nueva' de la salvación, comunicada a los hombres de ayer, de hoy y de siempre; pero al mismo tiempo es también el Primer y Supremo Evangelizador. Jesús fue un gran evangelizador, anunció la Buena Noticia de la venida del Reino de Dios, con toda su persona, con entusiasmo, convicción y autoridad de Rabbí (maestro insuperable), como leemos en Mateo 9,35; 4,23 y en Marcos 6,34.

El evangelista San Lucas resalta el estupor de toda la gente ante la autoridad y el poder manifestado en las palabras y obras de Jesús: ***...se quedaban asombrados de su enseñanza, por que hablaba con autoridad,*** porque tenía la unción y el poder del Espíritu Santo (Parresía).[2] La evangelización realizada por Jesús tiene un carácter de comunicación "global". Él, efectivamente, enseñó con su Palabra, utilizando una multiplicidad de géneros literarios; como discursos breves, parábolas, dichos o sentencias sapienciales, semejanzas, palabras unidas a hechos, etc. Por ejemplo, el Sermón del Monte, es todo un programa o fórmula de vida para la comprensión del cristianismo; otros ejemplos los encontramos en las parábolas del Buen Samaritano, del Hijo Pródigo, el discurso del Juicio Final, la gran lección dada en la Última Cena a los discípulos, etc.

¿Y sus acciones...? Por supuesto que no podemos hacer a un lado el comportamiento de Jesús como principal instrumento de su enseñanza, el cual en sus tiempos desconcertó a algunos y a otros los convenció de esta Buena Nueva, pues Él enseñaba, mostrando respeto y preferencia hacia los pobres, marginados, enfermos, necesitados, enemigos, extranjeros, además de dignificar a las mujeres, los niños y, un celo firme y convencido por La Ley y el Templo de Dios.

Su predicación fue acompañada de numerosos, variados y maravillosos milagros; signos indiscutibles de la presencia y el poder de Dios. Estos confirmaban su misión mesiánica. Jesús se comunicó con sus gestos, su mirada y hasta con su silencio en muchas ocasiones.

La presencia evangelizadora de Jesús era proyectada con todo su ser. Él mismo, puesto que Él es la Buena Nueva que se hace presente. Cada gesto, movimiento o acto de Jesús tenía una finalidad, y era comunicar que el Reino de Dios estaba siendo instaurado en medio de nosotros.

---

[2] Cf. Lucas 4,32-36.

Jesús nos mostró que la salvación cristiana se manifiesta mediante una vida concreta de interrelación personal con Dios, además nos señaló el camino a seguir: todo parte de la fe en Cristo y llega a la vida en el Padre, y en el Espíritu Santo: ***Él que me ama guardará mi palabra; y mi Padre lo amará y vendremos y haremos morada en*** Él (Juan 14,23).

El misterio de su ***pasión, muerte y resurrección*** es el punto de donde brotan todas las gracias del cielo y hacia donde converge toda nuestra vida. Es el sello del amor de Dios por la humanidad. Este misterio de amor se hace presente y se perpetúa en el sacramento de la Eucaristía que es manantial y cumbre de todo.[3]

Por tal, el núcleo vital de la "Nueva Evangelización" ha de ser el anuncio claro e inequívoco de la persona de Jesucristo, es decir el anuncio de su Nombre, de su doctrina, de su vida, de sus promesas y del Reino que Él nos ha conquistado a través del misterio pascual, su Pasión, Muerte y Resurrección.

La Iglesia de todos los tiempos y en particular la de los nuestros, está llamada a anunciar un CRISTO VIVO Y REAL, es decir, que el Hijo de Dios, que se hizo hombre, murió y resucitó, es el único Salvador de todos los hombres y de todo el hombre y que como Señor de la historia continúa operante en la Iglesia y en el mundo por medio de su Espíritu hasta la consumación de los siglos. Por tanto, ¡La Iglesia de hoy debe hablar cada vez más de Jesucristo, rostro humano de Dios y rostro divino del hombre; Cristo ha de ser anunciado con gozo y con fuerza, ¡pero principalmente con el testimonio de la propia vida!

---

[3] Sacrosanctum Concilium #10

PRIMER VIDEO
PRESENTACIÓN E INTRODUCCIÓN DEL CURSO

Es muy importante entender que estás a punto de vivir una experiencia preciosa, que **lo único que debes hacer es abrir tu corazón, dejar las preocupaciones, dejarte llevar a tener un encuentro con Dios**, "cara a cara".

Ante de ver el primer video de la serie te invitamos a leer y tratar de entender qué les dicen las siguientes dos frases, si lo estás haciendo en grupo, te invito a que posteriormente compartas con los demás lo que te llama la atención de las frases:

> *El cristiano del mañana será un místico, alguien que ha experimentado algo, o ya no será nada.*
>
> **Karl Rahner.**

> *Hoy el mundo necesita más que nunca de una vuelta a la contemplación. El verdadero profeta de la Iglesia del futuro será aquel que venga del 'Desierto' como Moisés, Elías, Juan el Bautista, Pablo y sobre todo Jesús, cargado de mística y con ese brillo especial que solo tienen los seres humanos acostumbrados a hablar con Dios cara a cara.*
>
> **Antonio Hortelano.**

Ahora si pueden ver Video de la Introducción y después se puede volver sobre las ideas de cada una de las frases. En seguida hemos agregado algunas de las ideas que serán reflexionadas por el presentador.

Kerigma se deriva del verbo en griego Kerysso que se refería concretamente a "proclamar como un heraldo" se refería en el contexto del siglo primero a un enviado del emperador y que generalmente tenía cierta protección; en el sentido cristiano se le dio más énfasis a la forma, al cómo lo hacía: **proclamar, gritar, anunciar de viva voz.**

¿Qué es pues la evangelización? La palabra evangelización viene del griego koiné ευάγγελος (eu-angelos), que significa dador de buenas noticias y se refiere directamente a un agente. El verbo ευαγγελιζω (eu-angelizo) dependiendo del tiempo en que se conjugue variará, pero en sí mismo se refiere a la acción de "dar buenas nuevas."

Algunas ideas de primera frase (Karl Rahner):

1. **Místico.** Persona que ha tenido una experiencia fuerte de Dios que lo hace capaz de irradiar esa luz divina delante de los demás. Ejemplos: Juan Pablo II, Madre Teresa de Calcuta.
2. **La experiencia.** Un elemento muy importante, de pronto olvidado y relegado por las ideas, pero es la base de un cambio radical en las personas.
3. **La necesidad de experimentar a Dios** en nuestras vidas... de sentirlo, de verlo cerca.

Algunas ideas en la segunda frase (Antonio Hortelano):

1. **Contemplación:** Es un nivel profundo de oración, en el cual, ya no se habla... si no que todos los sentidos, sentimientos y la voluntad se regocijan y disfrutan en la presencia de Dios.
2. **Desierto:** Lugar vacío, lugar de prueba. Lugar de refugio y de soledad para Jesús. Lugar para alejarnos del bullicio, del ruido, no solo exterior, sino interior. Recordemos a Oseas: "llevaré el alma al desierto (a la soledad) y ahí le hablaré al corazón".
3. **Moisés, Elías, Juan el Bautista, Pablo y sobre todo Jesús.** Estuvieron en el desierto para mostrarnos el camino.

Algunas ideas del pasaje de Juan 3, 1-12. Jesús y Nicodemo

1. **Es el famoso texto de la visita de Nicodemo,** es parte de uno de los encuentros personales que encontramos solo en el evangelio de San Juan. Nicodemo era un judío notable, "un doctor de Israel", miembro del Sanedrín (Sacerdotes, ancianos, encargados de la vida religiosa y del templo. Compuesto por escribas y fariseos).
2. **Nicodemo era un hombre recto,** preocupado por conocer las

cosas de Dios y fue a Jesús como a un Maestro (Rabbí) de Religión, sin duda, había llegado a sus oídos la fama que Jesús de alguna manera 'había alcanzado'.

3. **Fue de noche...** por qué le daba tal vez vergüenza, no quería arriesgar su situación y su reputación, o no quería mezclarse con la gente común que rodeaba a Jesús, porque aún no había nacido de nuevo ¿a cuántos no nos sucede eso?
4. Nicodemo no necesitaba una enseñanza, se las "sabía de todas, todas" **lo que necesitaba es que se produjera un cambio profundo** en él. Eso mismo necesitamos los que hemos venido por curiosidad o lo que haya sido.
5. Jesús dice que debemos **nacer de nuevo o "nacer de lo alto,"** nacer del Espíritu de Dios.
6. **La 'otra vida', la del Espíritu,** es misteriosa porque este actúa en lo más profundo de nuestro ser. Es como el "viento" que lo sentimos, pero no lo vemos, ni lo estrechamos.
7. **Renacer del "agua y del Espíritu"** hace alusión al bautismo más en el sentido de los adultos que deberán ser instruidos y dar en forma personal el paso de la fe.

Después de terminar el video, (si se cree prudente y con capacidad para hacerlo) se puede compartir algún testimonio o anécdota en la misma línea del testimonio de parte del facilitador, o pasar directamente a un momento de oración centrada en el tema (este es el momento en que llevamos a los participantes a hablar con Dios y permitirle que EL también les hable al corazón.) Se puede apoyar la oración con el canto(s) que sugerimos para la Introducción en el Anexo 5 al final de este Manual. Después de la oración, si el tiempo y el espacio lo permiten pasamos a contestar y compartir por grupos las siguientes preguntas:

Preguntas para la reflexión (escribe tus respuestas):

1. ¿Has tenido un encuentro personal con Jesús, cómo, cuándo y dónde fue?

2. Si te encontraras con Jesús HOY, ¿qué le preguntarías o dirías?

SEGUNDO VIDEO

EL AMOR DE DIOS

Objetivo: Este primer tema tiene la finalidad de llevarnos a experimentar **el AMOR personal e incondicional de Dios que es nuestro Padre bueno.**

Enlace: En la introducción hablamos de tener un encuentro personal fuerte, profundo y personal con Dios ("Cara a cara") la sesión o tema del día de hoy nos trae una muy buena noticia, tal vez la mejor de todas... DIOS TE AMA. De eso vamos a hablar, abre tu corazón a este mensaje.

Poner el VIDEO, enseguida encontrarás algunos puntos importantes del tema.

1. Dios te ama PERSONALMENTE

Dios te ha llamado desde antes de que tú existieras por eso Él quiere una relación personal contigo, en **Jeremías 31, 3** nos dice: *Con amor eterno te he amado, por eso prolongaré mi favor contigo.*

2. Dios te ama INCONDICIONALMENTE

Su amor es fiel y firme, siempre seguro y nunca falla, bajo ninguna circunstancia y por ningún motivo se apartará de tu lado. Lo encontramos en **Isaías 29, 15:** *¿Puede una mujer olvidarse del niño que cría, o dejar de querer al hijo de sus entrañas? Pues bien, aunque alguna lo olvidase. ¡Yo nunca me olvidaré de ti!*

El amor de Dios es fiel y firme como dice **Isaías 54, 10:** *Los cerros podrán correrse y moverse las lomas, más yo nunca retiraré mi amor por ti.*

Para su amor no existen barreras *la misericordia de Dios es siempre más grande que nuestros pecados.*

3. Dios QUIERE LO MEJOR PARA TI

El amor de Dios supera cualquiera de nuestras ideas o expectativas como lo afirma en **Efesios 3, 20:** *A Dios, cuya fuerza actúa en nosotros y puede realizar mucho más de lo que pedimos o imaginamos.*

4. Dios TOMÓ LA INICIATIVA

Dios te ama, antes de que tú lo buscaras Él ya te había encontrado. ***Entonces amémonos nosotros, ya que él nos amó primero.*** **Cf. Juan 4, 19.**

Dios siempre es fiel y siempre toma la iniciativa, como dice **Juan 15,16** *Ustedes no me escogieron, soy Yo quien los escogí a ustedes.*

TESTIMONIO DE ALBA IRIS VALDEZ

Después de terminar el video, se comparte y se pasa a leer la Carta "Querido Hijo(a)," que se encuentra en el Anexo 1 al final del Manual. Luego, (si se cree prudente y con capacidad para hacerlo) se puede compartir algún testimonio o anécdota en la misma línea del testimonio de parte del facilitador, o pasar directamente a un momento de oración centrada en el tema (este es el momento en que llevamos a los participantes a hablar con Dios y permitirle que EL también les hable al corazón.) Se puede apoyar la oración con el canto(s) que sugerimos para este tema en el Anexo 5. Después de la oración, si el tiempo y el espacio lo permiten pasamos a contestar y compartir por grupos las siguientes preguntas:

Preguntas para la reflexión (escribe tus respuestas):

1. ¿Con qué mensaje te quedas de este tema-reflexión?

2. ¿Has tenido alguna experiencia de desamor en tu vida, ¿cómo fue?

Tercer Video
EL PECADO Y SUS CONSECUENCIAS

Objetivo: Este tema quiere llevarnos a **reconocer con honestidad y humildad que hemos pecado y estamos necesitados de la salvación,** pues ningún ser humano es capaz de quitar el pecado, que es la causa o la raíz de la infelicidad que vivimos o experimentamos.

Enlace: En el tema anterior hablamos del Amor de Dios, que es personal e incondicional, que Dios quiere lo mejor para nosotros y que él nos amó primero. En este tema encontramos porqué si Dios nos ama tanto, no somos capaces de experimentarlo… La palabra clave es EL PECADO.

Poner el VIDEO, enseguida encontrarás algunos puntos importantes del tema.

1. La MALA NOTICIA.

Los seres humanos tenemos un problema, se llama pecado. Cuando nuestra vida se nos descompone ¿Con quién la llevamos?

Romanos 3, 23: *Porque todos pecaron, todos están privados de la manifestación salvífica de Dios.*

Dios no castiga, como dice **1 Juan 4, 8b:** *Dios es AMOR.*

2. Las CONSECUENCIAS del pecado.

En **Gen. 3, 9-13** encontramos como el hombre (ser humano) se alejó de Dios, fuente de toda vida. Se separó de su mujer, acusándola de ser la culpable. Se enemistó con la creación, que se rebeló contra él.

La palabra **pecado** del griego **'Hamartía'** y significa **'no dar en el blanco.'** Es no creerle a Dios, no confiar y no depender de Dios.

En Rom. 14, 23: *Pecado es todo lo que no proviene de la fe en Dios.*

San Pablo afirma en Rom 7, 19: *Hago el mal que no quiero y el bien que quiero no lo hago.* Una realidad existencial a la que San Agustín llamó, la concupisencia o inclinación hacia el mal o pecado.

3. LA MALA NOTICIA.

El hombre no puede salvarse a sí mismo, como dice en **Lc, 6, 39**: *¿Puede un ciego guiar a otro ciego, no caerán juntos en el hoyo?*

4. SATANÁS Y SUS OBRAS.

Es el príncipe de la mentira, es un homicida desde el principio es nuestro enemigo que busca hacernos perder del propósito de Dios.

5. RECONOCE TU PROBLEMA.

Jesús fue comprensivo y compasivo con los pecadores, con los que tuvo problemas fue con aquellos que se creían perfectos como lo encontramos en **Mat. 23, 27**: *Ay de ustedes, escribas y fariseos, hipócritas... raza de víboras, sepulcros blanqueados.*

Lo peor es no reconocer nuestro pecado. **Jn 9, 41**: *si fueran ciegos no tendrían pecado; pero como dicen ´vemos´, su pecado permanece.*

David reconoció su pecado **Salmo 50 (51), 7**: *Mira que en la culpa nací, pecador me concibió mi madre.*

TESTIMONIOS DE VICENTE BARRÓN Y SERGIO INDALECIO

Después de terminar el video, (si se cree prudente y con capacidad para hacerlo) se puede compartir algún testimonio o anécdota en la misma línea del testimonio de parte del facilitador, o pasar directamente a un momento de oración centrada en el tema (este es el momento en que llevamos a los participantes a hablar con Dios y permitirle que EL también les hable al corazón.) Se puede apoyar la oración con el canto(s) que sugerimos para este tema en el Anexo 5. Después de la oración, si el tiempo y el espacio lo permiten pasamos a contestar y compartir por grupos las siguientes preguntas:

Preguntas para la reflexión (escribe tus respuestas):

1. ¿Con qué mensaje te quedas de este tema-reflexión?

2. ¿Cómo ha afectado el pecado tu vida personal y familiar?

CUARTO VIDEO

JESÚS SOLUCIÓN DE DIOS

Objetivo: Este tema es uno de los ejes centrales del kerigma y de la fe cristiana en general. Reflexionaremos en el amor impresionante manifestado por el padre en su hijo **Jesús** quien padeció, murió y resucitó, para traernos salvación, vida divina y convertirse en **la única solución** a los profundos problemas del ser humano de todos los tiempos.

Enlace: En el tema anterior hablamos del pecado como causa de todos los males del ser humano que no le permiten vivir la vida plena de Dios. En este tema les presentaremos la respuesta amorosa de Dios antes esta realidad: su amor infinito y sin límites que es capaz de entregarse por nosotros, abre tu mente y tu corazón a esta verdad.

Poner el VIDEO, enseguida encontrarás algunos puntos importantes del tema.

1. LA BUENA NOTICIA – La Salvación en Jesús

Jeshua = Dios o Yahveh Salva

Uno de los textos más importantes en la Escritura es **Jn 3, 16.** *TANTO amó Dios al mundo que le envió a su Hijo Único; para que todo lo que crea en él no se pierda, sino que tenga vida eterna.*

Emmanuel = Dios con nosotros, camina con nosotros, habita en medio de nosotros.

El Cordero de Dios es una de las figuras más profundas y significativas de las Sagradas Escrituras.

Éxodo 12,1ss: la cena de liberación (Séder Pésaj) y el cordero pascual.

Jesús es el Cordero de Dios, el que quita los pecados del mundo.

2. JESÚS VENCE A SATANÁS.

El Protoevangelio en **Gen. 3,15.** *Pondré enemistad entre ti y la mujer; entre tu linaje y el de ella. Uno de su linaje te aplastará la cabeza.*

Juan 16, 33 afirma: *¡Ánimo! Yo he vencido al mundo.*

3. JESÚS NOS SALVA PECADO.

Dios perdona y olvida nuestro pecado. **Miqueas 7, 19b:** *¡Tú arrojas hasta el fondo del mar todos nuestros pecados!*

4. ¿CÓMO SE REALIZÓ NUESTRA SALVACIÓN?

a). Por su encarnación.

Heb, 4,5. *...haciéndose semejante a nosotros, menos en el pecado...*

Rom. 5, 8. *La prueba de que Dios nos ama es que aun cuando éramos pecadores nos envió a su hijo el cual tomo nuestra carne de pecado.*

Mt. 1,23, *es Emmanuel, es decir, Dios con nosotros.*

En Filipenses 2, 6-12 encontramos la palabra **Kenosis = Abajamiento, anonadación, se vació de sí mismo.**

b). Por su pasión y su muerte en la cruz.

En el **Salmo 22, 17** encontramos apuntado a la pasión de Jesús afirma que: *Le podías contar sus huesos.*

En **Juan 10, 18** encontramos que Jesús entrega su vida: *Nadie me quita la vida, yo mismo la doy.*

c). Por su resurrección de entre los muertos

San Pablo afirma en **1Cor. 15, 14:** *Si Cristo no hubiese resucitado vana sería nuestra fe.* Y en **1Cor. 15, 55.** *"¿Dónde está, oh muerte tu victoria?"*

5. JESÚS COMUNICA VIDA DIVINA: PAZ.

En el evangelio de **San Juan 10, 10b** encontramos lo siguiente: *Yo he venido para traer vida y vida en abundancia.*

A la mujer adúltera le salva de la lapidación y le regresa la paz consigo misma en **Juan 8, 3-11.** ...*vete y no peques más.*

El rico Zaqueo, el cobrador de impuestos (el chaparrito), entra en su casa y le concede paz con los demás, **Lucas 19, 1-10.** *Regresaré el doble, triple... de lo que haya quitado.*

Al ladrón arrepentido le devuelve la paz con Dios, **Lucas 23, 39-43.** *Nosotros sufrimos un justo castigo... Acuérdate de mí cuando estés en tu Reino... HOY estarás conmigo en el paraíso.*

ORACIÓN CONTEMPLATIVA: EL RELATO DEL PASIÓN.

Al terminar el video les invitamos a continuar en oración y cerrando sus ojos les pedimos que se situen primero en el viavrucis, en el camino de la cruz mientras se comparte el canto "El Pretorio", al terminar, se les invita a imaginarse frente a la cruz de Jesús y ahora se comparte el canto "Nadie te ama como Yo". Después de la oración, si el tiempo y el espacio lo permiten pasamos a contestar y compartir por grupos las siguientes preguntas:

Preguntas para la reflexión (escribe tus respuestas):

1. ¿Con qué mensaje te quedas de este tema-reflexión?

2. ¿De qué necesita salvarme – salvarnos Jesús HOY?

QUINTO VIDEO

LA FE

Objetivo: Este tema quiere llevarnos a responder de una forma concreta a la vida que nos trae Jesús, creyendo y **convirtiéndonos** en nuestra forma de vivir para que podamos experimentar los frutos de la Salvación.

Enlace: En el tema anterior nos dijeron que la salvación nos es dada por el sacrificio de amor impresionante de Jesús por todos y cada uno de nosotros. Ahora nos presentarán uno de los dos elementos esenciales de nuestra vida cristiana: La Fe y la Conversión.

Poner el VIDEO, enseguida encontrarás algunos puntos importantes del tema.

En Hechos 2, 38 le preguntaron a Pedro: ¿Cuál es el camino para alcanzar la salvación? *Crean en Jesús y conviértanse de sus pecados y entonces podrán vivir la vida de Jesús Resucitado.*

1. LA FE

FE viene del griego "Pistis" que es más que el asentimiento del entendimiento, en realidad el término envuelve a TODA la persona.

Jesús en el evangelio de Mateo 17, 20 decía: *Si tuvieran la fe, del tamaño de un granito de mostaza, le dirían a este cerro: quítate de ahí y ponte más allá, y el cerro obedecerá.*

En **Hebreos 11, 1** encontramos que: *La fe es garantía de lo que se espera, la certeza de lo que no se ve.* La fe es la llave del corazón de Dios.

- Confianza TOTAL
- Dependencia TOTAL
- Obediencia TOTAL

A veces no terminamos por verdaderamente confiar en Jesús como en **Mateo 14, 31:** *Al instante Jesús extendió la mano y lo agarró, diciendo:*

Hombre de poca fe, ¿Por qué has vacilado?

¿Le creo verdaderamente a Dios?

2. EL EQUILIBRISTA

O Dudas o te "Subes a la carretilla"

Respecto a la fe y las obras **Santiago 2, 14-17**: *De qué sirve hermanos míos, si uno dice que tiene fe, pero no vive con obras, ¿De qué le sirve? ¿Acaso lo salvará esa fe? Si un hermano o hermana no tiene con qué vestirse, ni qué comer, y ustedes le dicen: que les vaya bien, caliéntense, aliméntense, sin darles lo necesario para el cuerpo, ¿De qué les sirve eso? Lo mismo ocurre con la fe si no produce obras es que está muerta.*

3. EL ALPINISTA

El Alpinista que no fue capaz de confiar en Dios, si no que se aferró a su rama. ¡Anda, suéltate de tu rama!

TESTIMONIO DE JOSÉ JUAN VALDEZ

Después de terminar el video, (si se cree prudente y con capacidad para hacerlo) se puede compartir algún testimonio o anécdota en la misma línea del testimonio de parte del facilitador, o pasar directamente a un momento de oración centrada en el tema (este es el momento en que llevamos a los participantes a hablar con Dios y permitirle que EL también les hable al corazón.) Se puede apoyar la oración con el canto(s) que sugerimos para este tema en el Anexo 5. Después de la oración, si el tiempo y el espacio lo permiten pasamos a contestar y compartir por grupos las siguientes preguntas:

Preguntas para la reflexión (escribe tus respuestas):

1. ¿Con qué mensaje te quedas de este tema-reflexión?

2. Comparte un momento en tu vida cuando tu fe titubeó.

SEXTO VIDEO

LA CONVERSIÓN

Objetivo: En este tema queremos volvernos a Dios, retomar el camino que conduce a EL. Cambiar nuestra manera de pensar y nuestra manera de vivir.

Enlace: En el tema anterior hablamos de la fe como primer elemento importante para que la salvación de Jesús manifieste frutos de vida cristiana en cada uno de nosotros, ahora presentaremos el segundo elemento, la conversión. Abramos nuestra vida para que con su gracia, hoy decidamos volvernos a Dios.

Poner el VIDEO, enseguida encontrarás algunos puntos importantes del tema.

1. LA CONVERSIÓN

Conversión del verbo en griego -μετανοῖεν, *(esp. Metanoien), cambiar de mente, de opinión, arrepentirse, o de meta, más allá y nous, de la mente)* su significado literal denota una situación en que en un trayecto ha tenido que volverse del camino en que se andaba y tomar otra dirección.

En **Lucas 15, 1ss** encontramos la parábola del hijo pródigo, en el versículo 18 nos presenta el momento en que entra en sí mismo: *¿Por qué no me levanto? Volveré a mi padre y le diré: Padre, pequé contra Dios y contra ti...*

- Pedirle la herencia al padre, era un ofensa grave, era una verdadera grosería, era como desear que el padre muriera o considerarlo muerto.
- Alejamiento, es una imagen de lo que el pecado produce en nuestras vidas.
- Trabajar cuidando cerdos, era lo peor que le podía pasar a un judío, es decir, aquel joven, tocó fondo, no sólo llegó al nivel de los cerdos, sino aún más bajo.
- Entrar dentro de sí, es donde comienza la conversión, que es volver a la casa del padre.

- Cada una de las cosas que le concede el padre al hijo hablan de una restitución de la dignidad y todos los derechos.
- La fiesta representa la misma, que se realiza en el cielo cada vez que alguien que se habia alejado, vuelve a la casa del padre.

Mercurio. Dios quiere un cambio completo, no solo una parte.

2. QUEMAR LAS NAVES

Hernán Cortés mandó a quemar las naves para que sus soldados no tuvieran opción de retorno.

TESTIMONIO DE VICENTE BARRÓN

Después de terminar el video, se les puede compartir un papelito y un lápiz o pluma para que escriban las cosas (pecados, vicios, situaciones, cosas, personas, etc que te apartan de Dios y no nos permiten volvernos a El de una vez y para siempre. Luego, (si se cree prudente y con capacidad para hacerlo) se puede compartir algún testimonio o anécdota en la misma línea del testimonio de parte del facilitador, o pasar directamente a un momento de oración centrada en el tema (este es el momento en que llevamos a los participantes a hablar con Dios y permitirle que EL también les hable al corazón). En un momento se les pide arrojar su papelito al piso como signo de entrega y renuncia. Se puede apoyar la oración con el canto(s) que sugerimos para este tema en el Anexo 5. Recomendamos que en un momento de la oración (hacia el final) hacer la Oración de Renuncia a Satanás y a sus obras que se encuentra en el Anexo 2, si el tiempo y el espacio lo permiten pasamos a contestar y compartir por grupos las siguientes preguntas:

Preguntas para la reflexión (escribe tus respuestas):

1. ¿Con qué mensaje te quedas de este tema-reflexión?

2. ¿De qué necesitas convertirte o qué naves necesitas quemar en tu vida?

SÉPTIMO VIDEO
EL SEÑORÍO DE JESÚS

Objetivo: Este tema pretende llevarnos a **Proclamar a Jesús como Señor** del universo y de cada una de las **áreas de nuestra vida**.

Enlace: En el tema anterior presentamos la conversión como un proceso necesario de la vida cristiana para experimentar los frutos de la salvación y cómo a través de esta vamos dejando atrás aquellas cosas que nos impiden vivir y manifestar plenamente la vida de Dios en nosotros. Es este tema, en este tema daremos un paso adelante, no solo renunciar a las cosas o situaciones malas, sino a proclamar a Jesús como el Rey y Señor de nuestras vidas entregándole todo lo que somos y todo lo que tenemos.

Poner el VIDEO, enseguida encontrarás algunos puntos importantes del tema.

1. JESÚS ES EL SEÑOR

Adonai (hebreo) = Kyrios (griego) = Dominus (Latín) = Señor, el dueño de la casa.

En Filipenses 2, 10-11 nos dice: *Para que, al nombre de Jesús, se doble toda rodilla en el cielo, en la tierra y en los abismos, y toda lengua proclame que Jesús es el Señor para la gloria de Dios Padre.* Esto quiere decir que Jesús es el Señor de Señores sobre todo lo que existe.

2. JESÚS ES MI SEÑOR

En Apocalipsis 3, 15-16, dirigiéndose a la Iglesia de Laodicea, le reclama: *O frío o caliente, pero no tibio porque a los tibios los vomito.* El llamado a seguir a Jesús es radical y total.

La Reina Isabel II en Inglaterra no es en realidad quien gobierna, sino el Primer Ministro y el Parlamento.

En **Mateo 7, 21. Encontramos lo siguiente:** *No son los que me dicen*

'Señor, Señor' los que entrarán en el reino de los cielos, sino los que cumplen con voluntad del Padre que está en el cielo. No se trata de decirlo de labios para afuera, si no de que mi vida completa lo refleje.

Estos siguientes tres círculos representan que tanto es o no Jesús el Señor de nuestras vidas.

Este primer círculo simboliza mi vida. En esta figura yo soy el señor y rey de mi existencia y ocupo el centro de mi propio corazón. Busco solo lo que a mí me place. He colocado a Jesús fuera del círculo de mi vida, porque no quiero tener otro Señor. He decidido ignorarlo, me declaro autosuficiente. No ha llegado mi conversión.

En el segundo... pienso que estoy convertido, pero me engaño a mí mismo. Soy el típico "católico a mi modo", con lo cual quiero decir que hago lo que se me antoje, sin preocuparme por saber si eso coincide con la voluntad de Dios. Mi "YO" sigue ocupando el centro de mi vida y Jesús forma parte de mis cosas. El día de mi conversión auténtica no ha llegado.

En este tercer y último círculo se representa mi vida: Jesús ocupa el centro porque ya lo he reconocido como mi Rey y Señor.

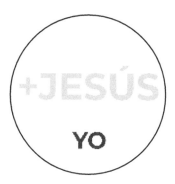

TESTIMONIO DE RAUL CISNEROS

Después de terminar el video, (si se cree prudente y con capacidad para hacerlo) se puede compartir algún testimonio o anécdota en la misma línea del testimonio de parte del facilitador, o pasar directamente a un momento de oración centrada en el tema (este es el momento en que llevamos a los participantes a hablar con Dios y permitirle que EL también les hable al corazón). Se puede apoyar la oración con el canto(s) que sugerimos para este tema en el Anexo 5. Recomendamos que en un momento de la oración (hacia el final) hacer la Oración de Proclamación del Señorío que se encuentra en el Anexo 3, si el tiempo y el espacio lo permiten pasamos a contestar y compartir por grupos las siguientes preguntas:

Preguntas para la reflexión (escribe tus respuestas):

1. ¿Con qué mensaje te quedas de este tema-reflexión?

2. Comparte una experiencia en la que te fue difícil vivir el Señorío de Jesús.

3. ¿Estás dispuesto el día de HOY a entregarle a Jesús, Rey y Señor TODA tu vida?

OCTAVO VIDEO
EL DON DEL ESPÍRITU SANTO

Objetivo: Que descubramos la presencia del **Espíritu Santo, como Promesa de Dios,** y su acción en la vida de cada uno de nosotros. Que puedan **experimentar un nuevo Pentecostés aquí y ahora.**

Enlace: En el tema anterior hablamos de la importancia de poner a Jesús en el lugar que le pertenece en nuestras vidas y proclamarlo como nuestro Rey y Señor. En este tema nos llevará a entender, pero sobre todo experimentar la presencia y la acción del Espíritu Santo en nuestras vidas, así que dispón tu corazón para que así suceda.

Poner el VIDEO, enseguida encontrarás algunos puntos importantes del tema.

1. LA PROMESA DE DIOS

En el libro de **Números 11, 24-30** encontramos como el Espíritu que habitaba en Moisés es derramado sobre los 70 ancianos reunidos en la tienda del encuentro.

En **1 Samuel 10, 1ss** encontramos la unción del primer rey de Israel, Saúl y más tarde en el capítulo 16, 1ss del mismo libro encontramos la unción de David como rey de todo Israel.

En **Ezequiel 36, 26-27** encontramos esta promesa de Dios de: ***Pondré en ustedes un espíritu nuevo...***

Y ya en el Nuevo Testamento en **Hechos 1,5** afirma: ***Serán Bautizados en el Espíritu Santo dentro de pocos días.*** Algo parecido encontramos en el Evangelio de San Lucas 24, 49: ***Quédense en Jerusalén para que sean revestidos de la fuerza de lo alto.***

En **Jeremías 31,33** nos dice lo siguiente: ***Esta será la Alianza que yo pacte con la casa de Israel, después de que aquellos días –oráculo de Yahvé-: pondré mi ley en su interior y sobre sus corazones la escribiré;***

yo seré su Dios y ellos serán mi pueblo.

Y en **Ezequiel 11, 19-20:** *Yo les daré un solo corazón y pondré en ellos un Espíritu Nuevo. Quitaré de su cuerpo el corazón de piedra y les daré un corazón de carne para que caminen según mis preceptos, observen mis normas y las pongan en práctica y así sean mi pueblo y yo sea su Dios.*

En **Juan 7, 37-39** Jesús invita a que **los que tienen sed** vengan a beber de la fuente de la que brotan ríos de agua viva.

2. EL CUMPLIMIENTO DE LA PROMESA

Hechos 2, 1-4, *"envió desde el cielo el torrente de su Espíritu sobre sus discípulos que estaban en oración con su madre"*

- Jesús se convirtió en el centro de sus vidas, de manera que a partir de ese momentos serán capaces de vivir el Señorío de Jesús con valentia.
- Les da entendimiento "pueden ver", les da claridad.
- Transfomó sus corazones, como lo había profetizado Ezequiel.
- Anunciaban el evangelio con PARRESÍA, con el poder del Espíritu Santo.
- Glorificaban a Dios con sus vidas.
- Se convirtieron en una comunidad (koinonía) orante y que daba testimonio.

3. LA PROMESA PARA LA IGLESIA

El Papa San Juan XXIII a propósito de la convocación del Concilio Vaticano II en su oración pedía lo siguiente: *Repítase ahora en la familia cristiana el espectáculo de los Apóstoles en Jerusalén. Dígnese el Espíritu Divino escuchar la oración que todos los días sube a Él desde todos los rincones de la Tierra; 'renueva en nuestro tiempo los prodigios como de un nuevo Pentecostés.*

Por su parte **San Pablo VI,** sucesor de Juan XXIII exhortaba a la Iglesia que le tocó pastorear con las siguientes palabras: *¡Que el pueblo cristiano, el pueblo creyente, tenga esta presencia del Espíritu de Dios en medio de nosotros; una percepción, un culto, una alegría superior! Debe ser una renovación, debe rejuvenecer al mundo, debe reabrir* *sus labios cerrados a la oración; abrirlos al canto, a la alegría, al himno, al testimonio. ¡Hoy, o se vive con devoción profética, con energía, con alegría, la propia fe o se pierde!"*

4. LA PROMESA ES PARA TI, CONFÍA, TEN FE Y PIDE

TESTIMONIO DE JOSÉ JUAN VALDEZ

Después de terminar el video, (si se cree prudente y con capacidad para hacerlo) se puede compartir algún testimonio o anécdota en la misma línea del testimonio de parte del facilitador, o pasar directamente a un momento de oración; primero de perdón y reconciliación; y luego de perdir efusión/derramamiento del Espíritu Santo y orar con calma por los participantes como se sugiere en el Anexo 4. Se puede apoyar la oración con el canto(s) que sugerimos para este tema en el Anexo 5. Si el tiempo y el espacio lo permiten pasamos a contestar y compartir por grupos las siguientes preguntas:

Preguntas para la reflexión (escribe tus respuestas):

1. ¿Con qué mensaje te quedas de este tema-reflexión?

2. ¿Has experimentado en tu vida la presencia real y poderosa del Espíritu Santo (Bautismo en el Espíritu), cuándo y cómo fue?

3. ¿Quieres HOY experimentar (o volver a experimentar) al Espíritu de Dios que se deja sentir y actúa en vida?

NOVENO VIDEO

PERMANECER Y PERSEVERAR

Objetivo: Mostrar que la vida cristiana crece en la medida que permanecemos y perseveramos con los siguientes cuatro medios concretos: Crecimiento/formación, comunidad, vida Sacramental y la oración.

Enlace: En el tema anterior hemos entendido, pero sobre todo hemos experimentado la acción del Espíritu Santo en nuestras vidas, nos dejamos tocar, sanar, liberar y llenar de Su presencia. En el siguiente tema presentaremos las formas concretas que nos llevaran a que esta experiencia que hemos tenido no se desvanezca con el tiempo, sino que vaya creciendo.

Poner el VIDEO, enseguida encontrarás algunos puntos importantes del tema.

1. PERMANECER

En el Evangelio de **Juan 15, 1-11** nos habla de que los sarmientos necesitan PERMANECER unidos a la vid.

2. PERSEVERAR

En **Hechos 2, 42-44** nos habla de la comunidad cristiana primitiva y los cuatro elementos fundamentales que les sostenían y les permitían crecer cada día:

- **Didajé Ton Apostolón** = La enseñanza de los apóstoles = La formación.
- **Klasei Tou Artou** = La fracción del pan = La eucaristía – La vida sacramental.
- **Koinonía** = La comunión/comunidad = La fraternidad.
- **Proseuxe** = La oración – personal/comunitaria.

TESTIMONIO DE JOSÉ JUAN VALDEZ

Después de terminar el video, (si se cree prudente y con capacidad para hacerlo) se puede compartir algún testimonio o anécdota en la misma línea del testimonio de parte del facilitador, o pasar directamente a un momento de oración centrada en el tema (este es el momento en que llevamos a los participantes a hablar con Dios y permitirle que EL también les hable al corazón.) Se puede apoyar la oración con el canto(s) que sugerimos para este tema en el Anexo 5. Podemos cerrar la oración tomados de las manos y rezando el Padre Nuestro juntos. Después de la oración, si el tiempo y el espacio lo permiten pasamos a contestar y compartir por grupos las siguientes preguntas:

Preguntas para la reflexión (escribe tus respuestas):

1. ¿Con qué mensaje te quedas de este tema-reflexión?

2. ¿Cómo y dónde buscarás darle seguimiento a esta experiencia de manera que esta vida de Dios siga creciendo y dando fruto en ti?

DECIMO VIDEO

TESTIGOS CON PODER

Objetivo: Motivar a las personas a comprometerse a llevar la luz de Cristo que resplandece en sus corazones para que también ilumine la de los demás, de manera que se conviertan en Testigos sin miedo, Testigos con Poder.

Enlace: En el tema anterior comenzamos el aterrizaje, el bajar de la montaña; hablamos de la importancia de permanecer y perseverar, y cuales son los medios para lograrlo. En este último tema hablaremos de asumir nuestro rol de Testigos de Jesús Resucitado a ejemplo de San Pablo, el Apóstol de los Gentiles.

Poner el VIDEO, enseguida encontrarás algunos puntos importantes del tema.

1. ¿QUE ES UN TESTIGO?

No es lo mismo ser un reportero que un testigo, nosotros hemos sido llamados por el mismo Jesús a convertirnos en sus TESTIGOS.

En **Hechos 9, 1ss** encontramos el primer relato que nos presenta Lucas sobre la conversión de Saulo.

De Saulo a Pablo, de Perseguidor a Testigo.

El rol de Ananías es importante. Todo Saulo necesita un Ananías que haga sus miedos a un lado para llevar la presencia de Jesús.

Estamos llamados a ser Testigos y proclamar el nombre de Jesús por todas las naciones.

En **Mateo 5, 14-16** encontramos lo siguiente: *Nadie enciende una lámpara para taparla...*

Ustedes son la luz del mundo y somos llamados a llevar esa luz a los que aún viven en oscuridad.

TESTIMONIO DE SERGIO INDALECIO

Después de terminar el video, (si se cree prudente y con capacidad para hacerlo) se puede compartir algún testimonio o anécdota en la misma línea del testimonio de parte del facilitador, o pasar directamente a un momento de oración centrada en el tema (este es el momento en que llevamos a los participantes a hablar con Dios y permitirle que EL también les hable al corazón.) Sugerimos que el facilitador tenga una vela grande o cirio prendida y que, si es posible, cada participante tenga una veladora/velita que les invitará a encenderlas del cirio mientras cantamos "Enciende una luz". Después de la oración, si el tiempo y el espacio lo permiten pasamos a contestar y compartir por grupos las siguientes preguntas:

Preguntas para la reflexión (escribe tus respuestas):

1. ¿Con qué mensaje te quedas de este tema-reflexión?

2. ¿A quiénes te invita Dios a llevarles la luz de Cristo (escribe una lista) y cómo harás para que ellos también se acerquen a esta luz?

CONCLUSIÓN

Queremos agradecer por cordialmente por su disposición a recibir el mensaje de salvación por este medio (Videos-Manual); aunque es una manera diferente a la habitual de hacerlo, confiamos en Dios que el bendecirá nuestro esfuerzo como siempre lo hace. El Kerigma sigue teniendo el poder de la Buena Noticia que nos trajo Jesús y que nos sigue trayendo el día de hoy a través de los que hemos el llamado de unirnos a la misión de Jesús, que paso a ser el mismo llamado de la Iglesia para todos los tiempos. Tenemos que seguir evangelizando a tiempo y destiempo. Esperamos de todo corazón que este material les sirva primero para tener un encuentro real y personal con Jesús por el poder del Espíritu Santo para después como verdaderos testigos se unan con nosotros a la labor evangelizadora; si ya la están realizando, esperamos que les sirva de herramienta. Elevamos humildemente nuestra oración a nuestro Padre del cielo para que digne bendecir todos los trabajos que ahora realizamos en la construcción de su Reino de Amor en medio de nosotros, encomendamos y confiamos que con la fuerza del Espíritu Santo se continúe esta obra maravillosa.

BIBLIOGRAFÍA

Boucher, Therese. (2000) The New Life in the Spirit Seminars Team Manual. (Catholic Edition 2000). Locust Grove, VA, USA. National Service Committee –Chariscenter USA.

Hahn, Scott. (2014). Evangelizing Catholics (A Mission Manual for the New Evangelization). Huntingtong, Indiana, USA. Our Sunday Visitor Publishing Division.

International Catholic Charismatic Renewal Services. (2012) Baptism in the Holy Spirit. Vatican City.

Kelly, Matthew (2010). Redescubre el Catolicismo (Una guía espiritual para vivir con entusiasmo y determinación). Traducido por Christian Silva. United States, Beacon Publishing.

Kelly, Matthew (2012). The Four Signs of a Dynamic Catholic. United States, Beacon Publishing.

Paprocki, Joe. (2014) Under the Influence of Jesus (The Transforming Experience of Encountering Christ), Chicago, IL., USA. Loyola Press.

Prado Flores, José H. (2002) Cómo Evangelizar a los Bautizados. Santa Fe de Bogotá, D.C., Colombia. Editorial "Minuto de Dios"

Otros recursos

Documentos del Concilio Vaticano II y otros documentos (Encíclicas, Exhortaciones Apostólicas, etc.) tomados de la página Web del Vaticano: www.vatica.va

ANEXOS

Anexo 1: Carta. Querido Hijo (a):

Si supieras la alegría tan grande que tengo de tenerte hoy aquí, y con cuanta ilusión esperaba este momento. Porque... ¿Sabes? Hace mucho tiempo que te he estado buscando, pero tú cada vez te alejabas más de mí.

Recorre conmigo de un vistazo la historia de tu vida y verás que, en toda ella, mi amor ha estado presente... *"yo te formé en lo secreto, te fui tejiendo en las honduras de la tierra"* *"Antes de haberte formado en el seno materno ya te conocía, y antes de que nacieras, te tenía consagrado"*, *"Te he llamado por tu nombre, tú eres mío."*

Yo te formé, te enseñé a caminar tomándote de tu mano; aunque no te dabas cuenta de que yo te cuidaba por medio de muchas personas. Que son mis instrumentos. Te atraía con lazos de amor, soy para ti como los que alzan a un niño contra su mejilla, me inclinaba hacia a ti y te daba de comer.

¡Qué pena que en aquellos momentos no supiste distinguir mi amistad y mi apoyo!

Que alegría si a partir de hoy descubrieras que **"aunque una mujer llegase a olvidar a su niño de pecho, al hijo de sus entrañas, yo no te olvido... "Pues eres precioso(a) a mis ojos, eres estimado (a) y yo te amo."**

Fíjate, **"en las palmas de mis manos te tengo tatuado... Tú eres mi hijo(a) predilecto(a). "Con amor eterno te he amado y eres mi niño (a) mimado; por ti se conmueven mis entrañas y se desbordan de ternura." "Los montes se correrán, las colinas se moverán, más mi amor de tu lado no se apartará y mi alianza de paz no se moverá..."** mi bondad y mi amor por ti durarán, por siempre.

"Hace tiempo que estoy a la puerta de tu corazón llamándote. Si tu abres entraré a tu casa y cenaré contigo."

Ojalá algún día me descubrieras y de tus labios escuchar decir: "Abba" ¡¡¡ Papá, Papito!!! Con confianza, **"ojalá escucharás hoy mi voz..."** vuelve, hijo (a)... vuelve a mí.

Tu Papá, Dios.

Anexo 2: Oración de Renuncia a Satanás y a sus obras

Se invita a los participantes a que se pongan de pie y que a cada pregunta con la mano derecha levantada si así lo ha decidido contesten con voz fuerte: R. **SI RENUNCIO.**

- ¿Renuncias a Satanás?
- ¿Renuncias a todas sus obras?
- ¿Renuncias a todos sus engaños y seducciones?
- ¿Renuncias a todo tipo de ocultismo, buscando conocer lo oculto y lo futuro al margen de Dios?
- ¿Renuncias a cualquier tipo de adivinación y sortilegio?
- ¿Renuncias a la astrología y a los horóscopos?
- ¿Renuncias a la lectura de las cartas, de la mano y del café?
- ¿Renuncias a toda práctica espiritista, donde se invocan a los muertos?
- ¿Renuncias al uso de la Guija o cualquier otro juego de contacto con espíritus?
- ¿Renuncias a todo afán de poder y de control al margen de Dios?
- ¿Renuncias a todo tipo de curanderismo, magia, brujería, y hechicería?
- ¿Renuncias a todo estudio y prácticas de doctrinas secretas?
- ¿Renuncias a toda práctica supersticiosa?
- ¿Renuncias a toda posesión o uso de amuletos y talismanes que tengas contigo o en cualquier otro lugar?
- ¿Renuncias a todo vicio que destruye tu vida y la de los tuyos?
- ¿Renuncias a todo lo anterior en nombre de tus antepasados que hayan estado comprometidos en alguna de estas formas?

(Se invita a que, si alguien tiene con ellos amuletos o cosas de la suerte, en un momento de oración y entrega (canto), lo entreguen. Sugerimos que se haga con los ojos cerrados. Cuando los abren se les invita a que, si tienen objetos en su casa de este tipo, también se deshagan (rompiendo o quemándolos lo más pronto posible).

Anexo 3: El Señorío de Jesús.

Este primer círculo simboliza mi vida. En esta figura yo soy el señor y rey de mi existencia y ocupo el centro de mi propio corazón. Busco solo lo que a mí me place. He colocado a Jesús fuera del círculo de mi vida, porque no quiero tener otro Señor. He decidido ignorarlo, me declaro autosuficiente. No ha llegado mi conversión.

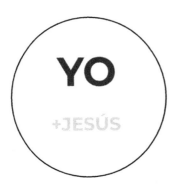

En el segundo... pienso que estoy convertido, pero me engaño a mí mismo. Soy el típico "católico a mi modo", con lo cual quiero decir que hago lo que se me antoje, sin preocuparme por saber si eso coincide con la voluntad de Dios. Mi "YO" sigue ocupando el centro de mi vida y Jesús forma parte de mis cosas. El día de mi conversión auténtica no ha llegado.

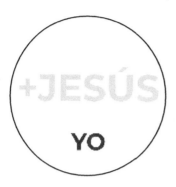

En este tercer y último círculo se representa mi vida: Jesús ocupa el centro porque ya lo he reconocido como mi Rey y Señor.

Proclamación del SEÑORÍO, AQUÍ Y AHORA.

Jesús no impone su Señorío por la fuerza. Respeta plenamente la libertad de cada uno. Tú puedes reconocerlo como tu Señor o no. Y este acto libre de tu voluntad es tu conversión, que es un proceso de entrega de nuestra persona al Señor.

Si Jesús no es todavía realmente el Señor de tu existencia, de tu vida; hoy es el momento en que puedes proclamarlo como tal. Decídete a vender todas las perlas que ya posees para poder comprar la PERLA preciosa. Decídete a entregarlo todo para quedarte con Jesús. En verdad vale la pena.

Concretamente, el Señorío de Jesús consiste en que hagamos todo y solo lo que Él quiere, como Él Quiere y cuando Él quiere. Pero ¿Cómo nos dirá Jesús cuál es su voluntad? Muy sencillo, en cada circunstancia en que nos encontremos debemos de preguntarnos ¿Cómo actuaría Jesús si estuviera en mi lugar? ¿Cómo usarías tú el dinero Señor Jesús? ¿Cómo amarías a mis seres queridos, a mis hermanos, amigos y enemigos? ¿Te comprarías esto o aquello? ... y hacerlo tal y como lo haría Jesús. Y realizar en nuestras vidas las últimas palabras que aparecen de la boca de María en los Evangelios: *"hagan lo que Él les diga"* en Jn. 2,5; ella que realmente fue, *"la esclava del Señor"*, que cumplió siempre la voluntad del Padre y en quien la Palabra se hizo carne.

Si quieres que Jesús sea el Señor de tu vida responde a cada uno de los enunciados: *¡Jesús es mi Señor!*

- De toda mi familia y mis amistades, Jesús es mi Señor...
- De mi pasado, presente y futuro...
- De mis estudios o trabajo...
- De mi salud o enfermedad...
- De mi pobreza o riqueza...
- De mi cuerpo y de mi alma...
- De mi sexualidad y emotividad...
- De mi casa y bienes materiales...
- De mis esperanzas y temores...
- De mi imaginación y mi memoria...
- De mi inteligencia y voluntad...
- De mis ojos y oídos, manos y pies...
- De mi manera de divertirme...
- De mi manera de comer, vestir, pensar y hablar...

_____   _____
Firma   Fecha

Anexo 4: Oración de Perdón y Reconciliación

Recomendamos que cerremos todos los ojos para que no nos distraiga nada, para ir trayendo a la imaginación a cada una de las personas que se vayan nombrando. (Antes de entrar a la oración o ya como parte de esta, se puede hacer algún ejercicio de respiración y/o concentración).

Ya sumergidos en el momento y confiados en Dios se les invita a que traigan a su imaginación a sus padres y dirigiéndose a ellos se unan a esta oración o alguna parecida:

Facilitador. Perdono a mis padres porque no me dieron, ni todo el amor, ni toda la atención que yo necesitaba. Les perdono las veces que me hicieron a un lado, los castigos injustos, los golpes y los gritos que tanto daño me causaron. Les perdono también su silencio e indiferencia, su falta de comunicación que tuvieron para conmigo. Les perdono las veces en que se gritaron y pelearon delante de mí. Los perdono si se divorciaron y sembraron en mí una inseguridad para enfrentar la vida y mi relación con los demás. Les perdono sus incomprensiones o preferencias por otro de mis hermanos.

Y ahí, en el recogimiento interior dirígete a tus padres diciendo:

Participantes (repintan). Papá, Mamá, yo los perdono *de todo corazón con el mismo perdón de Cristo. Les perdono por... (Se agregan las diferentes opciones en la que fallamos o pudieron hacer fallado nuestros padres). Les perdono de una vez y para siempre; que Dios te bendiga papá, que Dios te bendiga mamá. Yo les doy un abrazo de paz y reconciliación.*

Luego hacemos lo mismo con los hermanos(as)

F. Perdono a mis hermanos (as), por todas las veces que no me tomaron en cuenta. Por hacerme un lado en sus juegos y diversiones. Por qué a mí no me tenían la misma confianza que a sus amigos, por las veces que se aprovecharon de mí y por las veces que me acusaron falsamente delante de mis padres. Y ahí, en el recogimiento interior se dirija a tu(s) hermanos(as) diciendo:

P. Hermano (a) yo te perdono *de todo corazón con el mismo perdón de Cristo. Te perdono de una vez y para siempre. Que Dios te bendiga hermano. Y te doy el abrazo de la paz y la reconciliación.*

Ahora se pasa a los compañeros(as) de la escuela:

F. Perdono también a mis compañeros (as) de escuela por todas las burlas que hacían de mí y de mi familia. Les perdono completamente. Perdono al compañero que me puso aquel apodo que no me gustaba. Perdono a todos los que se reían de algún defecto físico o de mi manera de ser. Y ahí, en el recogimiento interior se diríjase a tu(s) compañeros(as) diciendo:

*P. **Compañero de escuela yo te perdono** de todo corazón como Cristo me ha perdonado a mí. Te perdono de una vez y para siempre. Que Dios te/los bendiga en estos momentos. Y te/les doy el abrazo de la paz y la reconciliación. Especialmente a quien más me ofendió.*

Ahora traemos delante de nosotros a los maestros y profesores:

F. Perdono a mis profesores y maestros (as) por las veces que me humillaron delante de mis compañeros, por sus represiones o calificaciones injustas. Por no haberme apoyado. Por los complejos que en mi crearon con sus actitudes. Por qué me hicieron sentir que no me querían; yo los perdono. Y ahí, en el recogimiento interior se dirija a tu(s) maestros(as) diciendo:

*P. **Maestros y profesores,** Cristo a través de mi los perdona de todo el mal que consciente o inconscientemente hicieron en mi vida. Los perdono de una vez y para siempre; que Dios los bendiga a cada uno de ustedes. Y les doy el abrazo de la paz y la reconciliación.*

Ahora pedimos que traigan delante de ellos a cualquier jefe o superior:

F. Perdono igualmente a mis jefes (as) y superiores que no reconocieron lo que yo era y hacía. Les perdono sus favoritismos y arbitrariedades porque nunca me dieron un cargo de verdadera responsabilidad, por las veces que fui víctima de sus injusticias y de sus burlas. Les perdono el abuso de autoridad que tuvieron conmigo. Sus presiones y chantajes. Y ahí, en el recogimiento interior se dirija a tu(s) Jefes(as) diciendo:

*P. **Jefes y superiores, con la autoridad de Cristo** yo los perdono de todo corazón, lo hago de una vez y pasa siempre. Que Dios los bendiga abundantemente a todos ustedes. Y les doy el abrazo de la paz y de reconciliación.*

De acuerdo a las circunstancias se puede añadir el perdón a otras personas:

- **Novio/Novia**
- **Abuelos.**
- **Tíos o tutores.**
- **Familia política y parientes cercanos.**
- **A quienes nos han robado, injuriado o difamado.**
- **A sacerdotes, monjas y clero en general.**
- **También hay "algunas"** personas que guardan un resentimiento para con Dios y no le han perdonado la muerte de un ser querido, un defecto físico o la pérdida de un miembro propio o ajeno.

- Otros tampoco se han perdonado a sí mismos una falta, un pecado o error.

P. Yo perdono a todos los que me han ofendido. En el Nombre de Cristo renuncio a todo odio, rencor y resentimiento que existe en mi corazón.

Para terminar este momento los invitamos a quien más daño les haya hecho en la vida.

F. Perdono a la persona que más me ha ofendido, que más daño me ha hecho... la perdono de todo corazón y para siempre con el mismo perdón que Cristo ha tenido para conmigo. Pienso en esta persona y veo a Cristo junto a ella. Cristo la bendice y la abraza, yo también la abrazo y le doy el perdón que Cristo ha tenido para conmigo.

Ahora, seguros de que no hay ningún obstáculo, en nuestro corazón nos abandonamos a Cristo, para que El haga la oración y le pida a su Padre el Espíritu Santo prometido para cada uno de nosotros. En esta oración está muy cerca María, Como estuvo en aquel primer Pentecostés con los discípulos de Jesús. Como signo de apertura al Señor se pone de pie los que libremente quieran recibir hoy la promesa del Padre. Es Jesús, y solo Jesús, quien da este Espíritu Santo, pero como signo de amor y solidaridad, algunos hermanos orarán con ustedes para unirse a la oración de Jesús pidiendo Espíritu Santo y a la acción de gracias de cada uno de ustedes por el don recibido.

* Oración de Efusión del Espíritu Santo.

A través del tiempo se ha realizado esta oración de diferentes maneras. El facilitador puede empezar a hacer oración pidiendo que el Espíritu Santo se derrame copiosamente y después invita a los participantes a que abran sus labios y hagan lo mismo. Se puede intercalar la oración con algunos cantos al Espíritu Santo.

Si se ora por cada participante mientras alguien continúa dirigiendo la oración general para pedir de manera particular el reavivamiento de la acción del Espíritu Santo, sugerimos algo parecido a la siguiente oración o lo que el mismo Espíritu ponga en su corazón:

Padre bueno, derrama sobre este hijo(a) tuyo el Don del Espíritu Santo, Jesús Bautízalo con tu poder.

Espíritu Santo ven sobre ella (él), llénale de ti. Dale un corazón nuevo para conocerte y una lengua para alabarte y bendecir tu nombre. Purifícale, libérale, úngele, sánale. Da testimonio de Jesús en su corazón. Concédele tu gozo y tu paz. Hazle testigo de Jesús.

María, Madre del Señor, acompáñale e intercede por ella (él), para que se reavive en ella (él) la presencia y la acción del Espíritu Santo...

Quien dirige, pide a los hermanos que en un momento de silencio disfruten de toda la paz, el amor y regalos recibidos. Después y finalmente se invita a todos que en voz alta den gracias a Dios por esta experiencia.

Anexo 5: Cantos

INTRODUCCION
- *Estoy a la puerta y llamo* de Jesed

TEMA 1: AMOR DE DIOS
- *Si supieras como te amo* de Hermana Glenda

TEMA 2: EL PECADO
- *Me dices que no eres feliz* por Adriana Nevarez
- *Renuévame* de Marcos Witt

TEMA 3: JESUS SOLUCIÓN
- *El Pretorio* por Darwin Lechler
- *Nadie te ama como yo* de Martín Valverde

TEMA 4: FE
- *Aunque no te vea* por Jesse Demara

TEMA 5: CONVERSIÓN
- *Quebrántame* de Jesed

TEMA 6: SEÑORÍO DE JESÚS
- *Te entrego* por Joan Sánchez
- *Tal como soy* de Jesús Adrián Romero

TEMA 7: ESPÍRITU SANTO
- *Ruah* por Jesse Demara
- *Poder de lo Alto* por Jesse Demara
- *Muévete en mi* por Paulina Rojas

TEMA 8: PERMANECER Y PERSEVERAR
- *¿Quién me separará de Dios?* por Fernando Mendez

TEMA 9: TESTIGOS CON PODER
- *Enciende una luz* de Marcos Witt

Para otras obras del mismo autor favor de visitar la página web:
www.paulus.media

Próxima serie

PARA CONFERENCIAS, TALLERES,
PEDIDOS O COMENTARIOS FAVOR DE CONTACTARME:

José Juan Valdez, MA.
Tel. 281-748-0851
valdeus77@gmail.com
www.paulus.media

©Todos los derechos reservados,
queda prohibida su reproducción total o
parcial sin el permiso otorgado por el autor.

Made in the USA
Middletown, DE
16 August 2024